No Limiar da Noite

José de Souza Martins

No Limiar da Noite
Crônicas Suburbanas

Fotos
José de Souza Martins

Ateliê Editorial

Copyright © 2021 José de Souza Martins

Direitos reservados e protegidos pela Lei 9.610 de 19 de fevereiro de 1998.
É proibida a reprodução total ou parcial sem autorização, por escrito, da editora.

Dados Internacionais de Catalogação na Publicação (CIP)
(Câmara Brasileira do Livro, SP, Brasil)

Martins, José de Souza
No Limiar da Noite: Crônicas Suburbanas / José de
Souza Martins. – Cotia, SP: Ateliê Editorial, 2021.

ISBN 978-65-5580-038-8

1. Crônicas brasileiras   I. Título.

21-67187   CDD-B869.8

Índices para catálogo sistemático:

1. Crônicas: Literatura brasileira   B869.8
Cibele Maria Dias – Bibliotecária – CRB-8/9427

Direitos reservados à
ATELIÊ EDITORIAL
Estrada da Aldeia de Carapicuíba, 897
06709-300 – Cotia – SP – Brasil
Tel.: (11) 4702-5915
www.atelie.com.br
contato@atelie.com.br
 /atelieeditorial
blog.atelie.com.br

Foi feito depósito legal
Impresso no Brasil 2021

Com admiração e gratidão,
estas crônicas são para

Antonio Viana da Silva
Célio da Silva
José Luiz Amaro
Juarez Francisco Neto
Maria de Fátima Ibrahim
Rubenira Farias de Oliveira Souza
Vilbia Caetano

que, na Academia Paulista de Letras,
tem sido personagens de meus dias.

Sumário

Apresentação. 13

Ocaso 14

Alienação. 16

Esquecimentos 17

Aos Poucos 19

Espelho. 21

Provisório 22

Aritmética 23

Beira do Caminho 24

Catador 25

Coisas Pequenas. 27

De Barro 28

De que Adianta? 30

Cotidiano. 31

Devagar 34

Dança. 35

Altas Horas 37

Esquecer. 38

Esquina 39

Estradas e Caminhos 41

Fé 43
Flor Vermelha 45
Garoa 46
Gênero 48
Embaúba 50
Imaginário 52
Incerteza 53
Incompleto 54
Janela 55
Lágrimas 56
Manhãs. 57
Mão. 58
Memória da Noite 61
Não Basta. 63
Desafio 64
Não Sei. 65
Noite. 66
Minha Rua. 67
Palavras que Restam. 68
Paredes. 69
Passos 70
Pensar. 71
Pobre 72
Poucos 73
Indecisão 75
Pressa 77
Quando 78
Retorno 79
Rever 80
Revolução 81
Roseira 83

Salmo 151	85
Não Sei de que	86
Semeadura	88
Sombra	89
Sussurros	90
Talvez	91
Temporalidades	93
O Vento	94
Pedras da Noite	95
Terminação	96
No Entanto	97
2020	99
Envelhecer	100
Pandemia	101
Imortalidade	102
A Peste	103
Estranho Tempo	105
Sob a Janela da Rua	106

APRESENTAÇÃO

Para que explicar
o inexplicável
do invisível
e do inacabado?
O perceber de soslaio,
o visto de relance?
O nós que somos
não sendo?

OCASO

Quantos são os dias
em que nasce o sol
em nossa vida?
Quantas vidas
nascem ao sol
em cada dia?
Quantos são os dias
em que o sol se põe
na vida nossa?
Quanta vida há
entre um nascer
e um pôr de sol?
Quantos nascer de sol
são os primeiros?
Quantos pôr de sol
são os últimos?
Quantas perguntas
entre uma manhã
e um fim de dia?
Quantos dias

entre a luz da manhã
e a escuridão da noite?
Quanta vida
entre uma pergunta
e o silêncio?

ALIENAÇÃO

O que cansa,
mesmo,
é ter que fingir
o que não somos
para sermos
o que querem
que sejamos.
Para não sermos,
o que seríamos
se não fosse o espelho
dos que não são.

ESQUECIMENTOS

Em cada lembrança
há muitos esquecimentos.
Lembramos para dizer-nos
o que queremos que fique
e para esquecermos
o que nos perturba
no murmúrio da noite
e na bulha do dia.

Lembrar é o nosso avesso,
o que não deveria ter sido
para podermos ser,
simplesmente,
o que achamos que somos.

1. *De Antigamente* (Trinity Hall, Cambridge, 2014).

AOS POUCOS

Sim, notei
que meus passos
são cada vez mais curtos
e o tempo
cada vez mais lento.

Sem as pressas da vida,
posso ver, hoje,
as pequenas coisas
do encantamento,
o sublime do minúsculo,
a relevância da vírgula,
a importância das reticências,
a longa duração do agora,
a teimosia do sempre.

Aos poucos,
volto a ver como menino
que nas coisas pequenas
descobria a relevância

do irrelevante,
o muito que há no pouco,
o pouco do muito,
longe do alcance das mãos
e dos olhos.

O rosa das rosas,
o verde de tantos verdes,
o azul do céu
nem sempre azul.
Mais que tudo,
o amanhã do agora

ESPELHO

Um susto ver-me
no atrevimento
do antigo espelho
do guarda-roupa,
cheio de velhos eus
e de insistente bolor
que respingam
de um fui
que já não sou.

Esse cheiro do tempo
que passou
turva o espelho
sorrateiro
que me espera
todas as manhãs
para mostrar-me
que ele ficou
e que eu passei,
no engano
de que nele fiquei.

PROVISÓRIO

Sou os pedaços
de que fui feito
no acaso da vida,
aos poucos,
no vagar que deu sentido
às minhas pressas.

Fui sendo antes de ser,
chegando antes de chegar.

Sou a pressa
que não é minha.
o ser que não sou.

Sou o provisório
do passo lento
e da espera.

ARITMÉTICA

É difícil reconhecer-me
nos 77 anos desta manhã
cinzenta e quente.
Setes demais,
manhãs de menos.
O que medem os números
senão o que se perdeu?
O que não medem,
senão o que se ganhou?
Somo, subtraio,
multiplico e divido
para ver-me
no pouco que me é muito.
No eu que sou e resto
de uma conta inacabada.

BEIRA DO CAMINHO

A beira do caminho
é um mundo
que nunca foi
nem nunca será.
É tão somente beira.
Sempre outro
a cada passo.
A paisagem do instante,
a fração de segundo,
a cor passageira.
Um mundo sem partida
nem chegada,
sem relógio
nem ponteiro,
em que não amanhece
nem anoitece.
Que passa e fica
na memória
do nunca mais
e na desmemoria
do sempre.

CATADOR

Catar na lata de lixo da vida,
no monturo que sacia
a fome dos que não podem,
com restos das demasias
da boca farta dos que podem,
mais do que precisam.

A fome insaciável
do pão nosso de cada dia,
a fome que quer mais
onde há menos,
que mastiga o pouco
na boca que muito carece.

Catar restos
para catar a vida
nas sobras alheias,
na morte que há
na insuficiência do que sobra
onde tudo falta.

Ressurreição sem redenção,
noite sem estrelas,
dia sem sol,
incerteza certa
dos que chegam tarde
ao que sobrou
do muito dos poucos.

COISAS PEQUENAS

O menosprezo pelas coisas
pequenas e simples
é menosprezo pelo que somos
na manhã fria dos dias,
na agonia das tardes,
na escuridão das noites
de lua cheia
e de estrelas vazias.

É transformar em lixo
o que lixo não é,
mesmo sendo sobra
da abundância falsa,
a abundância do nada,
do tanto que nos engana
e nos sacia de coisa nenhuma.

DE BARRO

Apalpo o velho barro
de que fui feito.
Tento dar-lhe
nova forma.
Recriar-me
no silêncio úmido
da noite que chega.

Esperança
na generosidade das mãos
experientes e cansadas
de tantos anos na teimosia
de moldar o mundo
ao meu redor
e dentro de mim.

Reformar a forma,
moldar de novo
as imperfeições
da vida vivida.

Antes que o barro,
retorne ao eterno
sem face nem feição,
do pó que sempre foi
apenas pó.
O pó da espera.

DE QUE ADIANTA?

De que adianta reclamar
se não há quem queira ouvir
queixas e reclamações?
Se no guichê do lamento
quem vê não ouve?

COTIDIANO

Vida vista de soslaio,
vivida do lado de fora
do correr dos dias
e de tudo o que acontece.
Em que o possível,
é apenas o que restou
e o que resta
do que não se viu,
não se viveu
nem se sentiu.

É estar lá sem estar,
ver sem falar,
viver sem compreender
o enigma dos resíduos
do canto dos olhos,
do todo que se tornou
fragmento do destino,
do que achamos que vimos
sem ter visto
porque já não somos.

A visão do talvez,
do eu acho,
a névoa da incerteza
de um mundo que já não é nosso,
o mundo de ninguém,
do sujeito invisível
que nos diz quem somos
quando ele próprio não é
nem nós podemos ser.

2. *Bairro Operário* (Mooca, São Paulo, 2007).

DEVAGAR

Devagar é o jeito
de chegar
quando parece
que o lá longe
tomou conta
do aqui perto.

Devagar é o jeito
da paciência
conduzir os prudentes,
dar juízo aos apressados.

Devagar é o passo seguro
que concilia
a partida com a chegada.

Devagar é o nome
da certeza, do sempre
e do possível.
É o nome da manhã,
que a noite não conhece.

DANÇA

Sombras de corpos
dançam à luz da lua cheia
nesta fria noite de julho.
Aquecem a música
silenciosa e sem ritmo
das incertezas do viver.
Poemas de cinema mudo,
de filme em preto e branco,
de vida em cinza e gris.

3. *Capoeira* (Grupo Topázio, Salvador, 2013).

ALTAS HORAS

Como se fosse ontem,
quem passa pela calçada
da velha fábrica
altas horas da noite,
ouve o ressonar
de máquinas à espera
dos operários
que não voltam do desemprego
nem voltarão.

A fábrica
morreu com os donos
que a consumiram
e jaz, invisível,
sobre os restos mortais
de engrenagens, tornos,
prateleiras e cansaços.

ESQUECER

Não lamento
o esquecimento
que inunda o vazio
da memória
com o torpor
do que se foi
mas permanece.

Quando a memória
se torna apenas
uma cálida sensação
de que o fino liame
entre ela e o coração
se rompeu
na hora suave
da chegada da noite.

ESQUINA

Esperar na esquina antiga
alguém que não volta,
o ontem que não termina,
o hoje que não passa,
o amanhã que não chega,
o ficar onde nunca se esteve.

Ali, na velha esquina,
só há o retorno ao sempre
de uma espera sem fim,
o devaneio da eternidade
e o medo de que seja curta e pouca.

4. *Passagem de Todos os Santos* (Cambridge, 2014).

ESTRADAS E CAMINHOS

Pensei que o percurso
estivesse feito
nas estradas e caminhos
que percorri
ao longo do tempo,
no entanto curto.

Vejo agora,
nesta distância
do desde então,
que são os caminhos
que caminham
e nos fazem caminhar
para o até que enfim.

Batemos perna
a vida inteira
para chegar lá adiante,
ao já estou aqui
de todas as chegadas.

O caminho, impaciente,
não espera o caminhar
dos passos que o percorrem
e de quem nele pisa
o chão duro da vida.

FÉ

Fé sem poesia
não é fé.
É medo, é raiva,
cerco do desespero
de quem não crê,
de quem vive
à beira do precipício
do viver sem desafios,
dos desafios sem vida.

Refúgio da incerteza
de quem não viu
a poesia do Gênesis,
dos Cânticos,
dos Salmos,
do Apocalipse.

O desafio poético
do fim dos tempos,
o do novo que se oculta
nas entrelinhas
do recomeço.

5. *Fragmentos de Cristo* (Cemitério do Araçá, São Paulo, 2010).

FLOR VERMELHA

Todos os anos, por esta época,
nasce uma flor vermelha
no matagal do terreno baldio
vizinho a minha casa.
Renascerá novamente
no ano que vem.
Como nasceu no ano passado.
E no ano depois do que virá.
E ainda depois
de todos os anos que virão
como tem vindo
enquanto os anos vierem
para que eu a veja
todas as manhãs
da janela do quarto,
abrindo suas pétalas
vermelhas como um nascer de sol.
Até que a flor se ponha
no pequeno horizonte
que limita o meu ver
e me diz qual é
o tamanho do mundo.

GAROA

Uma garoa fina
caia todos os dias
sobre nossas vidas.
Vinha regar,
nas tardes frias,
os cravos e as rosas
dos jardins caseiros
do romantismo operário.

Vinha molhar
o amor da terra
e das semeaduras da vida,
os canteiros da alma,
as plantas que floresciam
no silêncio da noite
para dizer-nos de manhã
que tudo começara de novo
como cores e perfumes,
contradições do repetitivo
e da existência monótona.

6. *Noite Chuvosa* (Oxford, 2002).

GÊNERO

Estão sozinhos
no meio da escuridão
à espera do respeito ausente.
Apenas soluços abafados
dos que se perderam
na mera trama de palavras.

De que gênero é
o silêncio das ausências,
o desamor do desumano?

De que gênero é a vítima
do preconceito cinzento
num país que crucifica conceitos
para crucificar pessoas?

De que gênero é o sol
que não precisa de conceitos
para aquecer a vida?

De que gênero é
o Cristo crucificado
na solidão da cruz?

EMBAÚBA

Folhas reviradas,
a brancura da angústia da sede
pedindo ao céu uma gota d'água.
A mata espera
que a graça seja alcançada
para verdejar outra vez
o avesso de seu avesso.

7. *Sobre o Rio Cam* (Cambridge, 2014).

IMAGINÁRIO

Ainda espero
os cartões de Natal
que já não chegam,
pelas mãos do carteiro
que já não sabe onde moro,
que já não bate
à minha porta.

Extraviaram-se,
levados pela vida
para a lonjura
das separações
e da saudade.

Recebo-os, no entanto,
dos remetentes imaginários
que ainda habitam
o pequeno mundo
de lembranças do vivido.

INCERTEZA

É sumária essa coisa
de querer ser não sendo.
É o muito pouco
do que não é nem foi.

Conheci muitos,
ainda conheço.
Estão por aí,
à procura,
de talvez em talvez.

Resumições da vida.
Eu acho.
Contrariedade,
desapontamento,
o meio cá
que não chegou
ao meio lá.
Entretanto,
lugar nenhum.
Desoras,
ventania e brisa.
Incerteza.

INCOMPLETO

Vou catando meus pedaços
espalhados por aí.
Neste canto uma lembrança,
naquele um esquecimento.
Inteiro no que não sou,
vago pressentimento
do que poderia ter sido.
Aos poucos, aos trancos,
pedaços daquilo que não fui.

JANELA

Este avesso que cansa,
desdiz o já dito,
emudece os tartamudos,
enche de palavras
a boca vazia dos insensatos,
ensurdece os cautos,
ralenta a esperança.

No parapeito da janela
o cotovelo dolorido
da desilusão, descansa.

LÁGRIMAS

Não me ficaram
lágrimas da vida,
dessas que rolam
pelo rosto cansado
dos que algum dia
se viram, de repente,
diante da incerteza,
diante de um amanhã
que não teve ontem.

Nessas horas,
vi no espelho
apenas o silêncio
correndo pela face,
o incolor do pranto
nunca derramado.

MANHÃS

Tenho saudade
das manhãs da roça.
Única hora do dia
em que podia ver
que na suavidade da noite
o mundo mudara.

Na haste de um arbusto
em que houvera ontem
apenas o verde,
descubro na manhã de hoje
uma florzinha branca.
Na manhã seguinte
já será pequeno fruto,
para ser depois
fruta madura.
E depois de depois
caroço e semente.
Recomeço.

MÃO

Poucas vezes na vida
meu olhar cansado
teve tempo de ver
minhas mãos,
sempre ocupadas
no serviço alheio,
como se minhas não fossem.

Só nesta manhã
vi pela primeira vez
as rugas de minha mão direita,
a mão do trabalho,
com que planto e colho.
Achei-a envelhecida,
diferente de como a conheci
ao longo dos meus anos.
A mão do labor
de fazer-me quem sou.

Quando teve os primeiros calos,
fui finalmente reconhecido
como pessoa de bem.
Minha mão falava por mim.
Os calos diziam que era ela
mão de menino trabalhador.

Sem os calos da vida
eu não teria tido biografia,
carteira de trabalho,
um lugar na linha de produção
do nós e do eu que neles existem.

Não fosse essa mão envelhecida
meu corpo não teria história,
minha história não teria as medalhas
das rugas que me dizem quem sou.

Foi ela um dia
a mão do destino indeciso,
da incerteza do que fazer com ela.
Meu pai a queria mão de carpinteiro.
Eu a queria apenas mão do meu braço,
do meu corpo, irmã das pernas,
escrava do ganha pão.

Minha rebelião juvenil
foi a rebelião da mão insubmissa
que me puxou
para as páginas em branco
de um livro
à espera de um autor.

MEMÓRIA DA NOITE

A noite foi o que sobrou
de meus dias,
em minha memória,
como um fiapo escuro
na trama das lembranças.

Mal amanhecia
e o dia já não era meu.
Era o dia comprido
do salário curto.

A noite era do sono
e no sono eu sonhava.
Uma xilogravura suburbana
era minha paisagem onírica.

A luz era a tênue claridade,
pendurada nos postes,
do romantismo amarelado
e difuso do subúrbio.

Luz do silêncio próximo
e de latidos lá longe,
de conversas distantes,
de um sussurro
em lugar nenhum.

NÃO BASTA

Não basta saber
ler e escrever.
Sem o sentir e o viver,
a escrita é mera coleção
de letras
que as buscas da vida
juntaram
na pauta das arrumações
das coisas desarrumadas.

Ler e escrever
é buscar o lado de lá
das sutilezas do existir.
É buscar a poesia
do poema inacabado
para encontrar
a ordem da desordem,
que há na tensão que pulsa
no soluço das palavras.

DESAFIO

Não lamento
o acúmulo das eras
sobre meus ombros
cansados,
como tantos fazem
arrependidos
de ter vivido até aqui.
Por que haveria de fazê-lo?
A graça da vida
está no caminhar,
não no partir
nem no chegar.

NÃO SEI

Não sei.
Por que
haveria de saber?
Para que?
Saber é bom?
Não saber é ruim?

Penso nisso
diante do abismo
que é o não saber.
E continuo ali
interrogando a vertigem
do precipício,
que nada me diz
sobre a queda.

NOITE

Sei que a noite está chegando
quando já não escuto
mais do que o silêncio
que me diz o indizível.
O silêncio que me abre
o abismo recoberto da neblina,
que dilui, na umidade fria,
o ver e o dizer,
o chegar e o partir,
o sempre do nunca mais.

MINHA RUA

De minha rua
ficou na lembrança
o estranho silêncio da noite,
ritmado pelo coaxar dos sapos
no brejo dos terrenos baldios,
pelo ressonar de operários cansados
escoando pelas frestas
das venezianas,
com cheiro de sono
e de suor.
Pelo ruído trôpego
dos passos cansados
dos que chegavam por último.
Pelo miado de uma gata no cio.

Ficou a quietude da espera
pelo recomeço da manhã.

PALAVRAS QUE RESTAM

Poucas palavras sobraram
para dizer o que deve ser dito,
para gaguejar o que restou da esperança,
para esperar o que resta da vida.

Onde estão as palavras
da abundância de sonhos?
Onde estão os sonhos
que as palavras não disseram,
que o dizer não sonhou,
que a vida não viveu,
que a espera não realizou?

PAREDES

É na paisagem da memória
que revejo as velhas paredes
do subúrbio.

Percorro as ruas desse tempo,
que de repente ficou antigo,
para visitar as poucas paredes
que ainda restam, cinzentas,
corroídas pela velhice das eras,
esperando seu dia e hora,
no memoricídio da demolição.

Nelas, posso ouvir
os gritos alegres da criançada,
senhora dona Sancha,
cânticos de roda, estalos de fubeca,
bolinhas de gude batendo umas nas outras,
rolando no silêncio dos meninos
e no chão duro da vida.

PASSOS

Passos tardios
nas muitas lonjuras
da noite,
chegando devagar.

Bulha da sola
de sapatos gastos,
esmagando folhas,
pedaços de papel,
rabiscos e palavras,
grãos de areia,
bitucas de cigarro,
cuspidas do cansaço

Resíduos do dia,
desatenção,
desprezo
pelas sobras,
indícios do vivido,
pés arrastados
de um chegar
que não chega.

PENSAR

Pensar ao contrário
é o contrário do pensar.
É o pensamento
de quem não pensa
e pensa que pensou.
É o silêncio da ideia,
o inteiro da alienação,
o caminhar sem chegar,
o ir quando se volta,
o retorno ao nunca.
Todo o avesso
desta vida sem rumo.

POBRE

É pobre
aquele cuja calça
não tem vinco.
Cujo riso
não tem dentes.
Cuja memória
não tem saudades.
Cujo hoje
não tem amanhã.
Cujo sono
não tem sonhos.

É pobre aquele
que tem apenas
o tudo da incerteza,
um lá adiante
que ficou lá atrás.

POUCOS

Não se tem muito a dizer
quando quase tudo
já foi dito.

Talvez restem
aquelas sábias
últimas palavras,
dos últimos momentos,
da vida apressada.

De quando a pressa
já não vale a pena
porque já não se tem
onde chegar.
Nem a quem dizer
as palavras que restam,
do que foi dito.
Migalhas de tanto falar
aos ouvidos moucos
do vento e da vida

Quando já não há
quem nos pergunte
ou quem nos ouça
neste mundo
de muito falar
e pouco dizer.

Quando o pouco tempo
é tudo que nos resta.
E no, entanto, é muito
para os poucos
que podem nos ouvir.

INDECISÃO

Tudo aqui
é meio limpo
e meio sujo.
Meio reto
e meio torto.
Meio alegre
e meio triste.
Meio justo
e meio injusto.

Tudo passa para ficar,
tudo vai para voltar.
Todo começo é um fim.
Todo fim é o recomeço
deste mundo sem fim
e sem começo.

Tudo aqui é um desafio,
o do por fazer
e o do por acabar.
Meio sempre
e meio nunca.

8. *Desencontro* (Rodoviária, São Paulo, 2010).

PRESSA

É da pressa
e do apressado
que é feito o mundo
de hoje,
que vive mais no amanhã
fictício
do que no agora real.
O amanhã intocável,
do hoje adormecido,
do ontem esquecido.

Pressa de chegar lá
sem passar por lugar nenhum.
Pressa de apagar o ontem
do nosso nós,
o hoje das lembranças
e esperanças,
a desafiadora incerteza
do agora.

QUANDO

Quando já não há ninguém
para ouvir nossa fala,
nossa poesia cor de musgo,
nossas perguntas reveladoras,
resta-nos a alternativa
do sussurro inconformado
e cinzento.

No meio da neblina
das manhãs vazias,
o som arrastado
que só pode ser ouvido
pelos que sabem
que foi o verbo
que se fez carne.

RETORNO

Retornar e não encontrar
a plantação, a mata, o campo,
a casa branca dos avós,
o terreiro, a cerca,
a fumaça do fogão de taipa,
o caminho de chegar.

Sentir e já não ver
o canto de ficar
na infância da espera
das manhãs do novo,
dos dias do sempre,
das noites do sonhar.

Retornar sem chegar,
de onde nunca se saiu,
pranto no silêncio,
do ocaso turvo
da espera sem fim.

REVER

Rever o que já não existe
é meio caminho
entre o ontem e o sempre,
entre o voltar sem ir,
entre o chegar sem ter partido.

É pranto interior,
perfume de violetas roxas
no tosco jardim de casa,
saudade antes da hora,
medo da chuva que não molha,
medo de ser ausente
neste mundo da presença.
É o dia sem brisa,
o sol sem calor.
É o eterno retorno
do que nunca se foi.

REVOLUÇÃO

Faz-nos falta
a revolução
que mude a ordem
da desordem
que se tornou
o nosso modo de vida.
Para acabar com a náusea
desse cotidiano viver
de cabeça para baixo.

Falta afinar os instrumentos,
retocar a pauta
da dodecafonia existencial
para extrair dela
a harmonia original
da desarmonia criadora.

Ouvir o que não se ouve,
ver o que não se vê
ler a escrita invisível
do livro nunca aberto.

9. *Galeria de Arte* (Paris, 2010).

ROSEIRA

A roseira antiga
de minha avó
ainda floresce
no meu jardim.

Exala o perfume
que perfumou
sua vida dura.
Que lhe mostrou
todas as manhãs
de sua longa vida
que havia um lá adiante,
depois da cerca
e dos limites.

O perfume doce
das rosas róseas
da roseira de minha avó,
todas as manhãs,

me desperta para esse acolá,
que me ajuda a caminhar
até o sempre.

Recobre de aroma
a matutina manhã
da espera e do retorno
de quem se foi
e permanece
nos acordes da memória.

SALMO 151

O rei Davi se foi
para o firmamento
sem compor
o último salmo.
Que no silêncio
do poema ausente,
do texto sem palavras,
encerrou o tempo da poesia
na Bíblia Sagrada.
Último sacrifício ritual
da espera e da esperança.
O salmo sem música,
o canto sem sonho,
a fé sem poesia.

NÃO SEI DE QUE

Sinto saudade,
não sei de que.
Saudade dos que se foram,
dos que partiram,
dos que não voltaram.
Deixaram apenas
o adeus da espera inútil
do nunca mais.

Sinto saudade
das ruas vazias
que já não são minhas,
de meus passos,
de meu olhar,
de minhas incertezas
de menino.

Sinto saudade
do parapeito da janela
do lado de dentro,

da casa pequena,
de onde podia ver
o lá fora do jardim.

Sinto saudade
das violetas,
dos cravos,
das rosas,
das dálias,
dos dias
sem fim.
Saudade de mim.

SEMEADURA

Semear é fácil.
Difícil é colher
em terra alheia
sem alhear-se,
sem dessemear-se,
sem o desencontrar
da mão que semeia
e da mão que colhe.
Entre a mão que vai
e a mão que vem,
há o vazio de fazer
do semeador
um ninguém.

SOMBRA

Neste país do sol,
certo e seguro,
dá medo
essa sombra
que cai,
lentamente,
sobre o verde
da esperança,
que escurece
o horizonte,
que fecha a porta
do amanhã
e a janela do ontem.
Dá medo.
O medo
do poder cinzento,
de coisa nenhuma.

SUSSURROS

Tanta gente se foi
levando nos cabelos
o orvalho da manhã
e o sereno da noite.
Ficaram os sussurros
da conversa inacabada,
o enigma da lágrima,
a reticência do inconcluso,
a aspereza do caminho
sem volta.

TALVEZ

Talvez,
é um modo de dizer
não sei, não quero, não posso.
Ou sei? Ou quero? Ou posso?
Se posso, por que reluto?
Se reluto, por que digo?
Se digo, por que não quero?

Talvez,
é a beira do abismo da palavra.
A palavra sem rumo,
o rumo sem palavra,
a palavra vazia,
a palavra reticente,
a decisão dos indecisos,
a esperança desesperada,
o hoje sem amanhã,
a hora sem minutos,
o pranto sem lágrimas,

a alegria sem riso,
o tudo do nada,
a prudência imprudente.

Talvez,
é um modo de ser
não sendo.
De acabar
sem ter sido.
De partir
sem ter chegado.

TEMPORALIDADES

O segundo
desminutiza o minuto,
que desora a hora,
hora que desfaz o dia,
dia que desmancha o mês,
mês que dissolve o ano,
ano que dezaniza a vida,
vida que só tem sentido no sonho
que desnumera o vazio diurno
das quantidades.

O VENTO

Devo ao vento
o sentido da demora
dos minutos.
O da diferença
entre a brisa e o vendaval,
entre a espera e a esperança,
entre o hoje e o sempre,
entre o chegar e o partir
entre o ficar e o permanecer.

Devo ao vento
o que nunca fui
para ser e ter apenas
a paz do muito
e do tão somente que sou.

PEDRAS DA NOITE

Caminhamos,
pisando as pedras da noite
na solidão do silêncio,
no sem saber do vazio,
à procura do murmúrio da vida
que está lá adiante
em algum lugar,
à nossa espera.

TERMINAÇÃO

Tudo termina um dia.
Já estava terminando
quando começou.
É o fim que dá sentido
ao começo provisório,
que enche de luz
a escuridão dos inícios.
É o terminar que ilumina
a incerteza do começar.
Tudo, então, fica
definitivamente claro
na escuridão da única certeza.

NO ENTANTO

No entanto,
quando o sol se põe,
ele não se vai. Fica.
Rebrilha de longe,
na estrela que o imita,
na luz que não é sua.
Nada termina assim,
de repente e para sempre.
A vida não é ida. É volta
mesmo na noite escura
do até que enfim.

10. *Companheiros* (São Paulo, 2012).

2020

O ano que vem
será o primeiro ano
de nossa vida,
que não teve ano passado.
Como este que nem chegou.

Será um ano triste
por não sabermos
se é melhor ou pior
do que o ano que passou.

ENVELHECER

É um enigma
ficar sem envelhecer,
chegar à noite
levando na vida
a claridade da manhã.

É um enigma
a aflição dessa carga
que me é recompensa
mais que justa
por ter sido
e continuar a ser.

É um enigma
viver cada dia
do finalmente
como permanência
e recomeço.
O enigma do ser,
do é e do sou
da incerteza final.

PANDEMIA

Estranho ver-me
na estação de embarque
nesse trem que chega
antes da hora.

Estranho descobrir-me
sem tempo de retocar os versos,
de resolver as dúvidas,
de concluir o sonho,
de ouvir a música inacabável.

Só o silêncio da neblina
sussurrando salmos
e certezas invisíveis.

IMORTALIDADE

A imortalidade
é o que não queremos
que acabe.
É o outro lado,
o avesso desse agora,
o motu perpetuo
das revelações
do que não vimos
no cotidiano
de finitudes.

A imortalidade
é a obra de arte
do belo avesso
que nos diz
quem somos
e nos convida
para ficar.

A PESTE

O exílio destes dias
nos expulsa para fora
de nós mesmos,
do que somos
em nossa circunstância.
Dentro, não estamos dentro.
Fora, não estamos fora.
No lá e no aqui
deixamos de ser
o que sabíamos que éramos
e já não sabemos quem somos.

Exílio do lugar nenhum,
da pátria sem jardim,
dos botões de rosa
que não abriram
nem abrirão.
Flores de lembranças
do que éramos.
Incerteza e penumbra.

Desterro no silêncio
dodecafônico
da espera sem fim.

ESTRANHO TEMPO

Estranho tempo
este em que vivemos.
Quando da esperança
mais nós carecemos,
menos esperar sabemos.
E menos sabemos
o que a esperança é:
o tudo do pode ser.

SOB A JANELA DA RUA

Passos que chegam sorrateiros,
Lentos, no vazio da noite.
Vem de longe, vem de perto.
Aos poucos, sumindo
na distância do sono.

Título	No Limiar da Noite
Autor	José de Souza Martins
Editor	Plinio Martins Filho
Produção editorial	Aline Sato
Fotos	José de Souza Martins
Editoração eletrônica	Igor Souza
	Juliana de Araújo
Capa	José de Souza Martins (foto)
	Juliana de Araújo (projeto gráfico)
Formato	14 x 21 cm
Tipologia	Minion
Papel	Chambril Avena 80 g/m^2 (miolo)
	Cartão Supremo 250 g/m^2 (capa)
Número de páginas	112
Impressão e acabamento	Forma Certa